FACULTÉ DE DROIT DE TOULOUSE.

𝕬𝖈𝖙𝖊 𝕻𝖚𝖇𝖑𝖎𝖈

POUR LA LICENCE.

MARIE ESCUDIER,

IMPRIMEUR-LIBRAIRE, RUE SAINT-ROME, 26.

1835.

ACTE PUBLIC

POUR LA LICENCE,

En exécution de l'art. 4, tit. 2, de la loi du 22 ventôse, an 12.

SOUTENU PAR

M. Dupuy (Jean-Julien-Évariste),

Né à Cazaubon (Gers).

> Les lois ne sont pas de purs actes de puissance,
> ce sont encore des actes de justice et de raison.
> PORTALIS.

JUS ROMANUM.

INST., LIB. II, TIT. VII. — *De Donationibus.*

DONATIO definiri potest, mera liberalitas in accipientem collata. — Est acquirendi modus ex jure civili. — Triplex est. — Donatio causâ mortis, donatio inter vivos et donatio propter nuptias. — In donatione causâ mortis, expressa mentio mortis, requiritur. — Tres species causâ mortis : 1° quandò quis nullo præsentis periculi metu conter-ritus, sed solâ cogitatione mortalitatis donat; 2° quandò quis imminente periculo mortis donat; 3° et denique, si quis in præsenti periculo mortis, eâ intentione et ita donet, ut non statìm fiat accipientis, sed tunc demùm, cùm mors fuerit secuta.

Donationem hanc possunt facere omnes, qui testamentum possunt. Omnes igitur qui testari prohibentur, ut est impubes, furiosus, mortis causâ donare non possunt.

IIæc revocatur donatio : 1° quandò liberatur donans periculo mortis, cujus causâ donavit, ipso jure resolvitur; 2° solâ pœnitentiâ donantis; 3° quum donatarius priusquam donator moritur. — Ut donatio causâ mortis valeat, quinque res necessariæ sunt : 1° ut donans testamenti factionem activam habeat; 2° ut donatarius habeat testamenti factionem passivam; 3° ut fiat in eâ mortis mentio, vel alterius periculi, cujus causa sit; 4° ut præsens sit tam donator, quam donatarius; 5° ut interveniant quinque testes. — Sub pluribus modis conveniunt et differunt donatio causâ mortis et legatum.

De Donatione inter vivos.

Hæc est quæ fit sine ullà expressâ mortis cogitatione. — Longè à donatione causâ mortis distat. — Donatio inter vivos requiritur, ut qui donat, liberam suorum bonorum administrationem habeat. — Insinuatio necessaria est, si 500 solidos excesserit. — Ex naturâ suâ revocabilis est donatio causâ mortis, sed si perfectæ fuerint inter vivos donationes, temerè non revocantur. — Tribus modis revocari possunt: 1° ingratitudine donatarii; 2° si grave damnum rebus donatoris, vel impias manus in eum intulerit; 3° si donatarius alere donatorem inopem neglexerit. — Remuneratoria donatio irrevocabilis est.

De Donatione propter nuptias.

Definitur, illa quæ fit à marito in uxorem dotis compensandæ, causâ aut melius in securitatem dotis. — Justinianus constituit, ut post nuptias non solùm tales donationes augeri, sed etiam constante matrimonio fieri, et suum initium, si ante nuptias nihil conventum essct, accipere possent. — Undè nomen donationis, non *ante nuptias*, sed *propter nuptias*. — Ad maritum pertinet dos, si uxor præmoritur. Marito contrà præmortuo, partem dotis uxor repetit, ad compensandam quam in matrimonium attulit.

CODE CIVIL.

Lit. I. Tit. XI. — *De la majorité, de l'interdiction et du conseil judiciaire.*

CHAPITRE Ier.

De la majorité.

Après avoir tracé les règles par rapport à l'âge, à la position et à la qualité des personnes, le législateur s'occupe de celles relatives à ces autres personnes, qui arrivées à cet âge, ou devenues maîtresses de leurs droits et de leurs actions, peuvent se gouverner et régir librement leurs biens et leur fortune, sous l'observation et la protection des lois. Ces pouvoirs et ces droits sont acquis pour tout individu, sans distinction de sexe, à 21 ans accomplis; alors, on est capable de tous les actes de la vie civile, sauf quelques restrictions. Mais la loi qui a ainsi fixé l'indépendance et la capacité de l'homme parvenu à cet âge, a prévu aussi, que faible de sa nature, sujet à tous les événemens qui altèrent et détruisent quelquefois sa raison, elle lui devait aide et protection, puisqu'elle l'enlève souvent aux doux soins de la famille, pour le livrer à des mains étrangères. A l'homme naissant, comme à celui, qui, par un de ces tristes événemens, a eu le malheur de perdre sa raison, elle donne un défenseur attentif et zélé; à l'imprévoyant dissipateur de sa fortune, un guide qui, par ses avis, arrête ses dangereux penchans et l'empêche de se trouver peut-être un jour dans la nécessité. Toujours par sagesse et prévoyance, le premier est placé dans l'état que l'on nomme interdiction; le second, sous l'assistance d'un conseil judiciaire.

CHAPITRE II.

De l'Interdiction.

L'interdiction est l'état d'un individu déclaré par l'autorité judiciaire incapable des actes de la vie civile, et privé par ce motif de l'administration de ses biens. Mais la loi exige que l'on soit dans un état habituel d'imbécillité, démence ou fureur. En l'exigeant, elle a voulu prévenir des abus, empêcher que des hommes avides et ambitieux, pussent se prévaloir de quelques actes isolés, pour enlever souvent la fortune à ces malheureux; aussi n'admet-elle que les parens à la demande en interdiction, parce qu'elle suppose que le lien qui les attache à ces personnes, sera assez puissant pour arrêter toute pensée coupable en eux, toute exaction de leur part. pour s'obliger il faut être sain d'esprit; or, l'imbécille ne saurait avoir cette qualité, parce qu'il est dans une faiblesse d'esprit continue, qui lui ôte même la conception des idées. Il n'en est pas ainsi de la démence et de la fureur. L'état de ces personnes n'est pas continu et permanent; il y a des intervalles lucides. (489 C. civ.)

L'interdiction n'a pas lieu de plein droit, il faut la demander aux tribunaux. Des formalités préalables doivent être remplies; notre

Code depuis l'art. 492 , d'accord avec le code de procédure civile , trace la manière dont cette demande doit être intentée. En voici l'analyse succincte (492 C. civ. et 890 C. de proc.)

C'est par une requête présentée au président du tribunal de première instance, qui contient les faits d'imbécillité, démence ou fureur, avec les pièces jointes et la désignation des témoins à l'appui, que la demande en est faite. — Communication du tout est donnée au procureur du roi. — Sur le rapport d'un juge à ce commis et les conclusions du ministère public entendues, le tribunal ordonne que le conseil de famille donnera son avis. — L'époux ou l'épouse , et les enfans de la personne dont l'interdiction est poursuivie, font partie du conseil , mais sans voix délibérative, s'ils sont demandeurs. — Le tribunal interroge la personne dans la chambre du conseil; s'il y a empêchement, un juge, assisté d'un greffier, se transporte en sa demeure. — Quelquefois il nomme un administrateur provisoire, et quelquefois un conseil, si les preuves sont insuffisantes. — Si appel est interjeté, la cour royale peut faire subir un nouvel interrogatoire. — Tout jugement portant interdiction doit être rendu public. (492 et suiv. C. civ.)

§ 1er.

Des effets de l'interdiction quant à la personne et à l'administration des biens de l'interdit.

L'interdit est assimilé au mineur, d'où il résulte qu'il doit être pourvu d'un tuteur et d'un subrogé-tuteur. La similitude que la loi a placée entre ces deux individus n'existe pas sous tous les rapports. L'incapacité dont elle a frappé l'interdit est bien plus étendue : car le mineur dûment autorisé peut se marier, faire un testament, tandis que l'interdit n'en a ni la faculté, ni le pouvoir. Mais il y a similitude dans la privation des droits politiques; dans ce qu'ils ont tous deux une hypothèque légale sur les biens de leurs tuteurs; dans ce qu'il y a même prohibition d'aliéner et d'hypothéquer leurs immeubles ; dans ce que l'incapacité de l'un et de l'autre a cela de commun , qu'elle ne peut être opposée par les personnes capables de s'engager , qui ont traité avec eux ; et enfin, dans la ratification qui , donnée en temps de capacité par eux, purge le vice de leurs engagemens. (509 C. civ.)

Si pendant l'interdiction un enfant de l'interdit veut contracter mariage , c'est le conseil, qui règle la dot ou avancement d'hoirie : le tribunal homologuera ou non la décision du conseil, après que le ministère public aura été entendu.

Par une continuation de puissance que la loi lui accorde, le mari est tuteur de plein droit de sa femme interdite. C'est même la seule tutelle légitime en interdiction (506 C. civ.)

La femme n'est pas de même tutrice de plein droit de son mari frappé d'interdiction ; elle peut être nommée parce que le législateur a pensé que le malheur arrivé à celui à qui elle avait lié son existence n'éteindrait pas en elle tout sentiment d'amour conjugal , et que , mieux que personne elle saurait veiller à la conservation des biens. Tutrice, elle peut faire tous les actes d'administration (507 cod. civ.).

Dans notre législation comme dans la législation romaine , la tutelle est une charge ; il eût donc été injuste d'en faire peser tout le poids sur un individu pendant tout le temps où l'interdit est dans cet état. Nul terme ne peut être fixé comme dans la tutelle des mineurs. L'interdiction ne finit souvent qu'avec la vie de la personne. Aussi, après dix ans , le tuteur , autre que les époux ou ascendans qui remplissent un devoir religieux et sacré , peut demander d'être remplacé (508 cod. civ.).

§ II.

*Des effets de l'Interdiction par rapport aux actes passés par l'interdit,
soit depuis, soit antérieurement.*

Lorsqu'un jugement a été rendu, toute capacité est enlevée à
l'interdit, et dès-lors il ne peut plus contracter ; aussi ce jugement
doit être rendu public, afin que les tiers prévenus ne puissent s'obliger en rien avec lui. Ses actes sont donc frappés de nullité radicale.
La loi l'a voulu ainsi, parce qu'il eût été difficile en effet, de prou-
ver la lucidité des momens dans lesquels l'acte avait été passé. Mais
quoique les actes soient nuls de plein droit dans l'intérêt des inter-
dits et de ses représentans, ils ont cependant une existence, et la
nullité doit en être demandée dans les dix ans. Les actes passés sous
seing-privé par l'interdit sont nuls, s'il n'ont pas date certaine antérieurement au jugement (503 cod. civ.).

Faut-il que ceux qui traitent avec l'interdit connaissent son état
pour que la nullité soit prononcée ? — Mais lorsque la démence,
sans être notoire, est connue de celui qui contracte avec lui, il
s'ensuit que l'acte pourra être attaqué en nullité, en prouvant tou-
tefois que le tiers en avait connaissance ; car on ne peut autrement
le dépouiller d'un droit qu'il aurait acquis de bonne foi.

Les actes qui sont faits par un homme en démence, peuvent-ils
être attaqués par lui quand son interdiction n'a point été prononcée ?

Les héritiers d'un individu interdit ont-ils qualité pour demander la nullité après sa mort des actes dans lesquels il s'est obligé ?

L'état de la personne contre laquelle l'interdiction a été prononcee,
peut n'être que passager ; il ne dure pas toujours pendant toute sa
vie. Des accidens ont bien pu aliéner momentanément sa raison,
mais les soins prodigués par l'affection, rétablissent quelquefois ce

malheur ; alors , avec les mêmes formalités , on fait lever l'interdiction , et l'infortuné reprend la jouissance de tous ses droits (510 , 512).

Du Conseil judiciaire.

Si la loi a rendu l'interdit incapable , elle a aussi frappé le prodigue de la même incapacité. Sous l'ancienne législation, la prodigalité fut une cause d'interdiction ; nos lois n'ont pas cru devoir la prononcer. Elles lui donnent un conseil , sans lequel il ne peut rien consentir, ni aliéner , ni hypothéquer ses immeubles. Cependant il est des actes qu'il peut faire ; il peut tester sans l'avis de son conseil ; il pourra même contracter mariage ; différence marquante avec l'interdit, qui n'a la capacité d'aucun acte, la loi les lui interdisant tous, en les rendant nuls de droit (513 cod. civ.).

La faculté de provoquer un conseil au prodigue est donnée aux mêmes personnes que pour l'interdiction. La demande doit être inscrite et jugée de la même manière, et la défense levée d'après les mêmes formalités. Avant que d'enlever à un citoyen , à un membre de la société ses droits , le législateur exige que le ministère public chargé de veiller à l'ordre et aux intérêts de tous , soit entendu , afin de voir si la demande est juste et nécessaire (514 et 515 cod. civ.). Nulle difficulté sérieuse ne s'élève au reste sur ces divers articles.

CODE DE PROCÉDURE.

Liv. ii. Tit. viii. — *Des jugemens par défaut et opposition.*

Le jugement par défaut est celui qui est rendu en l'absence de l'une des parties. Il est encore connu sous la qualification de défaut

faute de comparaître , ou de constitution d'avoué. — Qu'arrive-t-il
lorsque le demandeur ne comparaît pas? Il y a aussi le jugement
faute de plaider et de défaut profit joint. — L'un a lieu quand la
partie ne se présente pas , ou n'a pas constitué avoué; l'autre si
l'avoué constitué ne se présente pas. Enfin le dernier , lorsque de
deux ou plusieurs personnes assignées, l'une comparaît et l'autre fait
défaut. — Ce jugement n'est point susceptible d'opposition, et est
signifié par un huissier commis. (149 , 153). En est-il de même
pour tout jugement contre une partie qui n'a pas constitué avoué?
Dans quel délai et à dater de quel jour doit-il être exécuté? Quand
est-ce qu'ils sont censés exécutés? (156 , 159) Le délai est de hui-
taine , qui court à dater de la signification à avoué , si le jugement
est rendu faute de plaider , et de celle faite à partie, s'il n'y a pas
avoué. — L'exécution ne peut être ordonnée avant l'expiration avec
ou sans caution, nonobstant opposition , que lorsqu'il y a péril en
la demeure. (155.) — L'opposition n'est recevable que pendant hui-
taine à dater du jour de la signification à avoué , s'il y en a , et
encore si elle a été formée par requête d'avoué à avoué; dans le cas
contraire elle n'est admise que jusqu'à l'exécution du jugement; on
la forme par acte extrajudiciaire ou tout autre acte d'exécution (157,
158 , 160 , 162). Que doit-faire , et à quoi est tenue la partie dont
l'avoué est décédé? — La requête contiendra les moyens d'opposition.
Si elle n'est pas faite dans cette forme , elle n'arrête point l'exécution.
(161). — Sur un registre tenu au greffe, l'avoué fait mention som
maire de l'opposition; il n'est dû de droit d'enregistrement que lorsqu'il en est délivré expédition. — Quand est-ce que ces jugemens
de défaut sont exécutoires à l'égard des tiers? — Peut-on former
une nouvelle opposition lorsqu'on est débouté d'une première ?
(163 , 164, 165). — Où doit être rendu tout jugement de défaut?
Faut-il que les pièces soient recon nues justes et qu'elles aient été
vérifiées ? — Si plusieurs personnes sont assignées à différent délai,
ce n'est qu'après l'expiration du plus long , qu'il peut être pris défaut.

— Doivent-elles être comprises dans le même délai , et l'avoué peut-il répéter les frais contre la partie ; vis-à-vis de laquelle il a été pris défaut en particulier?

CODE DE COMMERCE.

Liv. iii. — *Des faillites et banqueroutes.*

TITRE I. — CHAPITRES III , IV ET V.

Le législateur dessaisissant le failli de l'administration de ses biens, a dû la confier à des mains intéressées à la bien diriger.

Aussi l'ouverture de la faillite déclarée et l'opposition des scellés ordonnée, le tribunal de commerce nomme par le même jugement un de ses membres, commissaire de la faillite, et un ou plusieurs agens. (454). Il ordonne en même temps le dépôt de la personne du failli dans une maison d'arrêt pour dettes , et en cet état les créanciers ne peuvent ni l'écrouer, ni le récommander. (455). Le commissaire nommé fait un rapport au tribunal sur les contestations qui pourraient naître de la faillite; il en surveille et accélère les opérations, telles que la confection du bilan, la convocation des créanciers. (458.) Il propose alors, s'il le juge convenable , la mise en liberté du failli avec sauf-conduit de sa personne , ou avec sauf-conduit moyennant caution. — S'il ne le faisait point , que peut faire le failli? (466 , 467.) Si le failli obtient un sauf-conduit, il est à la disposition des agens , qui l'appellent pour clore et arrêter les livres en sa présence. — S'il ne se rend pas, une sommation de comparaître lui est faite, et s'il s'y refuse , il sera poursuivi comme banqueroutier frauduleux; s'il ne comparaît pas par un fondé de pouvoir, il pourra être attaqué comme banqueroutier simple.

C'est parmi les créanciers ou tous autres que sont choisis les agens, qui n'étant que des mandataires peuvent être révoqués. Sont-ils tenus de prêter serment? — Sous la surveillance de qui gèrent-ils la faillite? — Combien dure leur gestion provisoire? — Nul ne peut être agent deux fois dans la même année, si ce n'est un créancier (456, 459).

Le jugement sera affiché et publié dans les journaux. — Il est exécutoire par provision, mais susceptible d'opposition; les délais de cette opposition diffèrent pour le failli, le créancier en demeure, et les autres intéressés.

CHAPITRE IV.

Des fonctions préalables des agens et des premières dispositions générales à l'égard du failli.

Les agens prêtent serment, et requièrent l'apposition des scellés si elle n'a pas eu lieu (462). Les livres du failli constatés, les effets à courte échéance décrits, sont remis par le juge de paix aux agens, qui en font le recouvrement, ainsi que des autres sommes dues au failli, mais leurs quittances ne sont valables qu'autant qu'elles ont reçu le *visa* du commissaire (463). Les marchandises sujettes à détérioration par qui sont-elles vendues? avec quelle autorisation? en est-il de même pour celles non dépérissables? où sont versées toutes ces sommes? (464, 465).

CHAPITRE V.

Du Bilan.

Le bilan est l'état actif et passif des affaires du failli (470). Il contient; 1º l'énumération des biens, 2º leur évaluation, 3º l'état des dettes actives et passives, 4º les profits et pertes - 5º les dépenses;

le tout est certifié véritable, daté et signé par le failli. — Quand ce dernier a préparé son bilan, il doit le remettre aux agens ; il est tenu de le faire devant eux s'il ne l'a pas dressé par lui-même ou un fondé de pouvoir ; pour cela on lui communique ses livres et papiers (471, 472). — Si, ni lui, ni son fondé de pouvoir ne l'ont fait, les agens y procèdent (473). — Quand le failli est décédé après l'ouverture de la faillite, sa veuve ou ses enfans sont admis à le suppléer non seulement dans la formation du bilan, mais encore dans toutes les autres obligations (475).

Cette thèse sera soutenue le 4 août 1835, à 10 heures du matin.

Vu par le Président de la Thèse,

F. MALPEL.

Toulouse. — Imprimerie de MarieESCUDIER, rue St-Rome, n° 26.